AVES DEL PARQUE NACIONAL CAGUANES, CUBA

UNA GUÍA DESCRIPTIVA

Abel Hernández Muñoz

INTRODUCCIÓN

El Parque Nacional Caguanes fue aprobado oficialmente por el Consejo de Ministros de la República de Cuba y forma parte del Sistema Nacional de Áreas Protegidas. En su contexto de ubicación, en el Archipiélago Sabana – Camagüey, es uno de los dos parques nacionales que contempla el proyecto GEF-PNUD para la protección de la biodiversidad y el desarrollo sostenible en la región. Como parte integrante de la Reserva de la Biosfera de Buenavista, declarada oficialmente, forma parte de sus áreas núcleos de conservación en la zonificación de la misma.

En el marco geográfico de la provincia Sancti Spíritus, el Parque representa el 29% de la superficie de sus áreas protegidas; se localiza en el municipio Yaguajay, ocupando parte de las zonas marinas, costeras y subcosteras de este territorio, con una extensión territorial de 20 490 ha, de ellas 8 500 ha terrestres y 11 990 ha marinas.

Es una de las áreas protegidas de mayor importancia en la provincia conjuntamente con la Reserva Natural propuesta de Pico Potrerillo-El Piñón y la Reserva Ecológica Alturas de Banao. Resulta de especial consideración señalar que este Parque Nacional presenta el 58.5% de su superficie en la plataforma marina norte.

Para la elaboración de esta guía se realizaron observaciones de aves en 10 puntos, que se seleccionaron siguiendo el criterio de máxima representatividad biogeográfica y ecológica, del Parque; que abarca un mosaico ecológico integrado por un humedal costero, compuesto por la

Bahía Buenavista, los Cayos de Piedra, el litoral costero, colinas tectónicas residuales, la Ciénaga de Guayaberas y el Palmar de Real Campiña.

Las observaciones se hicieron en las diferentes estaciones del año y en diversos horarios del día, con el propósito de detectar el mayor número posible de aves ubicuas y conspicuas, sedentarias y migratorias, diurnas, crepusculares y nocturnas.

Los datos obtenidos en cada una de las observaciones, para las cuales se utilizó el método empírico de observación visual directa y externa, se utilizaron en la confección de un listado de la avifauna. Posteriormente se procedió a la determinación taxonómica, descripción y categorización de cada una de las mismas, para lo cual nos auxiliamos de la bibliografía disponible.

La guía está destinada al trabajo en condiciones de campo y contiene informaciones acerca de 160 especies de aves, las que fueron observadas por el autor. Su importancia radica en constituir la primera que se ha escrito sobre las aves del centro de Cuba.

Son objetivos de la misma: 1) Reunir toda la información dispersa sobre las aves de la zona; 2) elaborar un material donde se den a conocer las especies presentes, sus características morfológicas externas más significativas, el hábitat donde se encuentran, datos sobre la distribución geográfica y algunos comentarios sobre aspectos de interés de las mismas y; 3) confeccionar una guía de campo que apoye a la docencia, la investigación y el turismo.

GUÍA DESCRIPTIVA

Pied-billed-Grebe. Zaramagullón Grande *(Podilymbus podiceps).* Se diferencia del Zaramagullón Chico, ya que es de mayor tamaño como su nombre común lo indica. Tiene la cabeza más grande; el pico no es tan grande. En la época de cría presenta un anillo negro que le da la vuelta al pico al nivel de los orificios nasales.

Least Grebe. Zaramagullón Chico *(Podilymbus dominicus).* Presenta un pico delgado y muy puntiagudo, adaptado para capturar los peces, de que se alimenta. Se distingue por poseer una franja blanca en el ala. Las patas tienen dedos lobulados. Es un ave relativamente común.

Brown Pelican. Alcatraz *(Pelecanus occidentalis).* Mide de 112 a 140 cm. Su color es mayormente carmelita. Las partes superiores en gris plateado, la parte superior de la cabeza y franja debajo del cuello de color blanco brillante. El cuello es totalmente blanco durante la muda postnupcial. Estas aves tienen diferentes etapas de color; pardo sucio en su plumaje nupcial, y carmelita rojizo en eclipse. Los juveniles, tienen la cabeza, el cuello y las partes superiores carmelitas, mientras que las partes inferiores son mayormente blancas. No acostumbran a extender el cuello durante el vuelo, llevando la cabeza hacia atrás, cerca de los hombros. Puede encontrarse solitario, o asociado en pequeñas bandadas, generalmente, se les ve en fila oblicua, cerca del mar. En su vuelo normal da aletazos, seguido de un deslizamiento, acostumbran a remontarse alto en el aire.

Double-crestsd Cormorant. Corúa de Mar *(Phalacrocorax auritus).* Mide entre 74 y 80 cm. Las plumas de la región dorsal son oscuras y brillantes, mientras que las escapulares de las alas, tienen el centro plateado. Presenta un moño negro o blanco a cada lado de la cabeza cuando están en su plumaje nupcial. La piel de la cara es desnuda y la garganta naranja.

Olivaceus Cormorant. Corúa de Agua Dulce *(Phalacrocorax olivaceus).* Es más pequeña que la Corúa de Mar aunque similar, mide de 64 a 69. Las alas unos 30 cm. La cola es relativamente larga. El plumaje es oscuro, con matices carmelitosos. El plumaje nupcial, la cara y la garganta, se encuentran bordeados en blanco, pero no tiene moño en la cabeza.

Brown Booby. Pájaro Bobo Prieto *(Sula leucogaster).* El más común de los pájaros bobos de las Antillas. Mide entre 70 y 76 cm. Pecho, abdomen y partes inferiores de las coberteras del ala, blancas; el resto del plumaje carmelita chocolatado oscuro; pico y patas amarillosos; los juveniles son carmelitas opacos y pálidos por debajo, con el pico negruzco.

Anhinga. Marbella *(Anhinga anhinga).* Mide de 86 a 91 cm. Los machos tienen el dorso generalmente brillante, tanto la plumas del dorso como las de las alas están marcadas con blanco y plateado, dándole apariencia de largas franjas; en las escapulares presentan algunas plumas blancuzcas; en la cabeza y el cuello cuando están en su plumaje nupcial presentan una franja pálida a través de la punta de la cola. La mandíbula inferior es amarilla. Las hembras tienen la cabeza, cuello y partes inferiores carmelitosas, más o menos moteadas, en el cuello con tonalidades beige. Los juveniles son carmelitas en la parte superior (dorso)siendo las partes inferiores pálidas carmelitas blancuzcas.

Magnificent Frigatebird. Rabihorcado *(Fregata magnificens)*. El macho es menor que la hembra; mi de 97 a 104 cm. Es de color totalmente negro, brillante por arriba con verde y púrpura. El pico es azuloso, las patas negras. El saco gular es de color rojo escarlata intenso y en período de cría se llena de aire para indicar quien es el que defiende el nido. La hembra tiene el pecho blanco y las coberteras menores de las alas blancas, mientras que las patas son rojas. Los juveniles presentan las partes inferiores y la cabeza blanca.

Great Blue Heron. Garcilote *(Ardea herodias)*. Ave grande que mide 132 cm, de color gris azulado. En la etapa de la reproducción su plumaje es vistoso. La cabeza es blanca con los bordes negros. Las partes inferiores algo marcadas con franjas blancas y negruzcas. El pico es amarillo, las patas oscuras.

Common Egret. Garsón Blanco *(Egretta alba)*. Es muy parecida a la "Garza de Risos", pero es de mayor tamaño, ya que puede alcanzar hasta 104 cm de longitud. Es la garza que tiene el pescuezo más largo. De color totalmente blanco. En el plumaje nupcial presenta bellas plumas dorsales. El pico es de color amarillo y las patas negruzcas.

Snowy Egret. Garza de Rizos *(Egretta thula)*. Garza blanca que mide de 53 a 69 cm. El pico negro y amarillo en la base. Las patas son negras, pero en los jóvenes son verde amarillo, con dedos amarillo brillante. Durante la época de cría posee plumas muy elegantes, por cuya causa han sido perseguidos principalmente en Norteamérica, ya que estas plumas se utilizaban en la fabricación de elegantes sombreros de mujer, siendo muy codiciadas y afectando grandemente la conservación de las especies.

Little Blue Heron. Garza Azul *(Florida caerulea)*. Es una garza pequeña que mide de 56 a 71 cm. Su color es azuloso oscuro. La cabeza y el cuello son de color canela y el resto del plumaje es muy oscuro (gris fuerte). El pico es azul grisáceo, con la punta blanca. Las patas son verdosas. Los individuos jóvenes son de color blanco, pero cuando llegan a la etapa adulta adquieren el color azulado. El plumaje de las aves viejas es más oscuro que el del adulto. Estas etapas por las que atraviesan las aves, no deben ser confundidas con las "fases" de color que presentan otras especies de la misma familia. Ejemplo: la Garza Rojiza.

Reddish Egret. Garza Roja *(Dichromanassa rufescens)*. Es mayor que la Garza Azul y que la Garza Ganadera. Mide de 69 a 81 cm. Presenta pico de dos colores, la parte basal es más clara y la discal más oscura, casi negra, aspecto distintivo de gran importancia. En esta especie existen las llamadas "fases" de color; esto significa que en una misma especie aparecen individuos de un color y otros con colores diferentes, manteniendo esta coloración a lo largo de su vida. Esto ocurre producto de un polimorfismo genético que afecta la coloración del plumaje y por esto es que perdura durante la vida del ave. A consecuencia de este fenómeno, se pueden establecer en esta especie individuos de color rojo y otros blancos inmaculados, incluso provenientes de un mismo nido. Las patas son oscuras y los dedos negros, esta especie es muy abundante, tanto los individuos rojos como los blancos en la misma proporción.

Tricolored Heron. Garza de Vientre Blanco *(Egretta tricolor)*. Mide de 61 a 71 cm; es una garza de pescuezo largo y plumaje oscuro, gris pizarra; garganta blanca, siendo más rojiza en la parte superior del cuello; las partes superiores blancas; pico negruzco; la parte de la base de la mandíbula inferior amarilla; patas negras, verdes posteriormente con los dedos amarillos. Los juveniles en vez de grises, son color canela, pero el abdomen es blanco como en el adulto. Es una especie abundante.

Green-backed Heron. Aguaitacaimán *(Butorides striatus)*. El tamaño de esta ave es pequeño, de unos 48 cm, de color oscuro. Presenta un plumaje verde brillante en el dorso, con tonos violetas. En la época de cría se observan plumas plateadas en el dorso, cuello, lados de la cabeza y pecho. Tiene además un color canela, con una franja blanca desde la barba hasta el pecho. Las patas traseras inferiores son de color ceniza. Las patas y los dedos de color amarillo verdoso. Los jóvenes (inmaduros) tienen franjas o pacas en las partes inferiores. El pico es pequeño.

Black-crownet Night Heron. Guanabá de la Florida *(Nycticorax nycticorax)*. Garza nocturna que mide 58 a 71 cm; de patas cortas. Las plumas de la parte superior y escapular son de color negro brillante, las de la región occidental blancas y el resto de las plumas de las partes superiores incluyendo alas y cola son de color gris, mientras que el plumaje de la parte inferior varía de blanco a gris pálido. El tarso y dedos son amarillos. Las aves jóvenes de esta especie tienen las partes superiores carmelita oscuro, manchado y franjeado de amarillo, sin embargo las inferiores son blancas franjeadas con carmelita.

Yellow-crowned Night Heron. Guanabá Real *(Nyctanassa violacea)*. Como característica sobresaliente, estas aves presentan un plumaje mayormente gris, con franjas negras en el lomo y las alas. La cabeza es negra, las plumas de la parte superior de esta y de las mejillas son blancas, el resto del cuerpo presenta plumas plateadas. El pico es ancho en la base y muy fuerte. Las patas son largas y amarillas que se extienden hacia la cola cuando el ave está en pleno vuelo. Mide de 56 a 71 cm. Las especies jóvenes son más oscuras que las jóvenes Guanabaes de la Florida y la corona es negra veteada en blanco.

Least Bittern. Garcita *(Ixobrychus exilis)*. Es de hábitos nocturnos, de 28 a 35 cm. Los adultos tienen las parte superior de la cabeza, cola y la mayor parte del lomo de color negro brillante; parte inferior del cuello y lados de la cabeza, canela; las mejillas pálidas; alas mayormente amarillosas y canela, aunque se diferencian del Aguaitacaimán en que este tiene las alas oscuras; partes interiores blancas, con tonalidades canelas; un parche negruzco a los lados del pecho, pico y patas amarillos o amarillentos, las hembras y los juveniles tienen el dorso carmelita. Es un ave que vuela poco; cuando se asusta, para pasar sin ser vista, se para con el pico apuntando hacia el cielo evitando ser descubierta.

Cattle Egret. Garza Ganadera o Garza Bueyera *(Ardeolo ibis)*. Es una garza blanca pequeña, que mide de 53 a 63 cm; con el cuello y el pico costos. En la etapa de la reproducción, presenta un "moño" de plumas amarillas muy vistosas. El pico es amarillo, a aveces con tonalidades rojizas. Las patas son amarillas o rosadas. Las especies jóvenes son completamente blancas con el pico amarillo y patas oscuras que las de los adultos. Esta ave es prácticamente terrestre, ya que casi no depende del agua, sólo para dormir y criar a los pichones, necesita de esta. Se alimenta de insectos y de otros vertebrados pequeños como ratones, por lo que son controladores biológicos. Se encuentran en bandadas entre el ganado, pero se unen a otras garzas cuando anidan. Este animal es muy fuerte y gregario, muy apto para vivir.

White Ibis. Coco Blanco *(Eudocimus albus)*. El plumaje es blanco, con las cuatro remeras primarias bordeadas de negro, haciéndose identificable durante el vuelo, ya que se destaca el negro de las alas. El pico con adaptación determinada a la forma de alimentación (cilíndrico). La parte desnuda de la cabeza, el pico y las patas son de color naranja rojizo. Mide de 56 a 71 cm. Los jóvenes tienen alas y colas generalmente carmelitas, pero la rabadilla y plumas de la cola son blancos, la cabeza y el cuello blancos moteados con oscuro. El pecho y el abdomen blanco y el pico y las patas de color oscuro. En una especie de hábitos gregarios que forma bandadas. Anida en colonias.

Scarlet Ibis. Coco Rojo *(Eudocimus ruber)*. Mas pequeño que el Coco Blanco; el plumaje es rojo escarlata, excepto las puntas de las alas que son negras. El juvenil se parece al del Coco Blanco, pero el cuello es más carmelita. Es una especie muy escasa, aunque existen algunos reportes de Cayo Caguanes. Cría en América del Sur.

Glossy Ibis. Coco Prieto *(Plegadis falcinellus)*. Mide de 56 a 63 cm. Tiene la cabeza, cuello, parte superior, coberturas menores de las alas y parte inferior de color canela oscuro, el resto del plumaje verde brillante o púrpura. El pico y patas son carmelitas olivo oscuro. Cuando se observa a distancia parece negro completo. Las especies jóvenes son más oscuras que los adultos y la cabeza y el cuello lo tienen rayados de blanco. Anida en colonias.

Roseate Spoonbill. Sevilla *(Ajaia ajaja)*. Bella ave acuática, ya que presenta un vistoso plumaje rosa oscuro, color que obtiene a medida que van llegando a la adultez. Hasta que el ave no alcanza los tres años de edad no se considera adulta. La cabeza y garganta de color verde amarilloso, el cuello blanco, la cola de color beige y el resto del plumaje es rosado, mientras que las coberturas menores de las alas y la cola son de color carmesí. Los jóvenes presentan una coloración de plumas, rosada pálido casi blancuzco, con corona y garganta emplumados. El pico es característico de esta especie y permite identificarlos rápidamente, ya que es en forma de cuchara o espátula que le sirve para alimentarse de pequeños crustáceos que captura cuando sumerge el pico en aguas poco profundas y lo mueve de un lado a otro, removiendo el fondo. Puede encontrarse en pequeños bandos, junto a otras aves acuáticas, deslizándose en el vuelo menos que las garzas. Anida en colonias.

Greater Flamingo. Flamenco *(Phoenicopterus euber)*. Es un ave grande que mide de 107 a 22 cm. Las patas son muy largas al igual que el cuello. El color típico de estas aves es el rosado oscuro en dependencia de la dieta; alas bordeadas de negro. Los jóvenes presentan las plumas de color blanco grisáceo, manchas de oscuro en las partes superiores. Las patas son palmeadas entre los dedos dos, tres y cuatro. Anida en colonias. Estos nidos son construidos en la tierra y están compuestos fundamentalmente de fango, el que sacan con el pico y patas, utilizando ramas para reforzarlos. El diámetro del nido es de 10 a 50 cm y en él se pone un huevo de color blanco, siendo raro que la hembra ponga dos huevos.

White-checked Pintail. Pato de Bahamas *(Anas bahamensis)*. Pato pequeño que mide de 38 a 48 cm. Es carmelita grisáceo con las mejillas blancas al igual que la garganta. La base del pico es roja y su cola es puntiaguda de varias tonalidades. Tanto la hembra como el macho son similares de acuerdo al color. El macho emite un tono más bien bajo, mientras que el llamado de la hembra es un tono más alto. Presenta un vuelo lento si se le compara con otros patos y puede andar en bandos pequeños o solo.

Red-breastet Merganser. Pato Serrucho *(Mergus serrrator)*. Mide de 50 a 63 cm. El macho presenta en la cabeza, una cresta negra, con verde brillante en los lados; cuello blanco; las partes superiores son principalmente blancas y negras, tornándose grises posteriormente; el pecho acre, manchado de negro; tiene mucho blanco en las alas; pico rojo, largo y estrecho, en forma de sierra: de ahí su nombre vulgar; patas rojas. La hembra tiene colores más pálidos; mucho blanco en las alas; los lados de la cabeza y partes superiores del cuello canela y el pico rojo y aserrado.

Ring-necked Duck. Pato Cabezón *(Aythya collaris).* Otro nombre vulgar que recibe es Pato Negro. El macho presenta tres anillos: uno en el extremo del pico, otro en la base del pico y el tercero en el cuello; se le distingue por esto y por su cabeza grande; dorso negro; debajo de los ojos es carmelitoso blanco; el especulum del ala es de color gris. La hembra y el macho tienen el vientre blanco; la hembra aunque se parece a la hembra del Pato Cabecirrojo, es más pequeña que esta. Mide de 40 a 46 cm. Las patas está dirigidas hacia atrás; tienen un vuelo pesado.

Ruddy Duck. Pato Rojo *(Oxyura jamaicensis).* Recibe otros nombres vulgares: Pato Chorizo, Pato Criollo o Espinoso. Es un pato pequeño pero robusto; mide de 35 a 43 cm. El macho, en plumaje nupcial, puede identificarse rápidamente por el color rojizo carmelitoso de sus partes superiores, garganta y cuello; mejillas y parte de la cabeza, de color blanco inmaculado y el píleo (extremo superior de la cabeza), negro; la cola, dura y puntiaguda, que en el agua mantiene levantado y abierta. En el plumaje de eclipse, las partes rojizas son remplazadas por un color oscuro, en este plumaje se parece a la hembra, pero las mejillas son blancas. La hembra es gris carmelita oscura por el dorso, las partes inferiores son de un blanco plateado y presenta una estría grisácea en las mejillas. Tiene un vuelo lento pero con una rápida arrancada.

Blue-Winged Teal. Pato de la Florida *(Anas discors).* Tiene otros nombres como Pato Aliazul. Su tamaño es pequeño, mide de 38 a 41 cm. El macho tiene una media luna blanca delante de los ojos y azul en las coberturas inferiores del ala (especulum o "espejo" del ala). La hembra se reconoce porque tiene el especulum azul del ala, bordeado de blanco y la barbilla blanca. En su plumaje en eclipse, durante el verano el macho se parece a la hembra. En la muda todos estos patos, dejan de volar permaneciendo de 15 a 21 días en el agua. Tiene un veloz vuelo que pone a prueba a los mejores cazadores.

Gadwall. Pato Gris *(Anas strepera)*. Puede tener otro nombre vulgar como Pato Lavanco Raro. Mide de 48 a 53 cm. El macho parece gris, pero la mayoría de las plumas del cuerpo son vermiculadas en blanco con algunas plumas carmelitosas en el lomo. El ala es blanca y negra con un parche castaño en la parte superior. El abdomen es blanco, mientras que las cobertoras caudales (cola), son negras y las patas amarillas.

Wood Duck. Pato Huyuyo (*Aix sponsa)*. El macho es uno de los patos más bellos que existen, de colores brillantes durante la etapa de cría (plumaje nupcial); altamente irridicente y con un complicado patrón de colores; presenta una rama blanca en la parte inferior de la garganta, que se extiende hasta el ojo, con los alrededores de los ojos oscuros, el macho en plumaje de elipse, se parece a la hembra pero esta última tiene un círculo blanco alrededor de los ojos que no se presenta en el macho; pico de colores brillantes. Mide entre 45 y 50 cm. Emite gran variedad de sonidos en su llamada. Anida en huecos, donde pone de ocho a catorce huevos blanco amarillosos.

Mallard. Pato Inglés *(Anas platyrhynchos)*. Presneta un gran dimorfismo sexual; el macho tiene la cabeza de color verde brillante, con un aro blanco alrededor del cuello y la pechuga roja carmelitosa; la hembra es de colores más apagados: carmelita oscuro por la región dorsal, con los bordes de la mayoría de las plumas de color pálido; el especulum o espejo de ala, de color violeta brillante bordeado de blanco. El pico es amarillo verdosos; patas rojo anaranjadas, el dedo posterior, sin lóbulo membranoso. Mide de 50 a 64 cm. Son grandes voladores y nadadores; ponen gran cantidad de huevos que incuban entre 28 a 32 días; posee un alto potencial reproductivo, de ahí las ventajas que se obtienen al cruzarlo para obtener variedades altamente reproductivas. Es un pato muy voraz; su dieta es básicamente vegetariana: se alimenta de plantas sub-acuáticas a las cuales llega sin zambullirse, su gran voracidad se explica por el gran gasto energético que tienen, ya que son grandes nadadores y voladores.

American Wigeon. Pato Lavanco *(Anas americana)*. Es un pato que mide de 46 a 56 cm. El macho adulto tiene la frente y la corona blanca y detrás de los ojos un parche verde; además de un parche blanco en las partes exteriores del ala. La hembra es carmelita con menos blanco en las alas, tiene toda la cabeza manchada de blanco y negro, dándole un efecto gris en contraste con el resto del plumaje; las axilas y los cañones son negros. Vuela muy alto y es desconfiado, aún entre otros patos.

Lesser Scaup. Pato Morisco *(Aythya affinis)*. Otros nombres vulgares recibe: Pato Turco, Pato Aserrador. Mide de 38 a 45 cm. El macho tiene la cabeza y la parte anterior del cuerpo negras, con algo de púrpura y ligeramente verdosa; el centro del abdomen blanco, lomo y lados franjeados en blanco y negro, que le dan cierta semejanza con las plumas del guineo; especulum del ala blanco. La hembra es mayormente carmelita oscura; blanca en la parte baja del pecho y abdomen; la cabeza y las partes superiores son también negruzcas; especulum blanco y las plumas en la base de la mandíbula superior blancas; presenta un anillo en el pico.

Northern Pintail. Pato Pescuecilargo *(Anas acuta)*. Otro nombre vulgar que recibe es Pato Guineo. Es un pato grande que mide de 56 a 74 cm. Presenta el cuello muy largo y la cola muy puntiaguda, producto de las plumas timoreras centrales que se cruzan en el extremo distal del cuerpo. El macho tiene la cabeza carmelita y las partes inferiores blancas; la hembra es carmelita grisácea, como la hembra del Pato Inglés, pero carece de especulum violeta bordeando de blanco, lo que caracteriza a la hembra de esta especie; pico grisáceo. Vuela muy alto y a pesar de que su arrancada es lenta desarrolla una gran velocidad con sus alas potentes.

Green-winged Teal. Pato Serrano *(Anas crecca)*. Su tamaño es pequeño, ya que mide de 33 a 40 cm. Es muy parecido al Pato de la Florida, pero se diferencia ya que presenta el especulum o "espejo" del ala de color verde brillante, por lo que el otro nombre vulgar que recibe tiene relación con esta característica y este es Pato Aliverde. Generalmente se le encuentra acompañado del Pato de la Florida, aunque no es tan abundante como este. Presenta un vuelo rápido. El macho tiene la cabeza carmelita, con una franja verde brillante detrás del ojo que le llega hasta el moño. La garganta es negra, mientras que las partes superiores están vermiculadas de negro y blanco, generalmente blanco por debajo. Las alas carmelitas grisáceas con el especulum verde. Las hembras se diferencian del Pato de la Florida por no tener azul en las alas, sino el especulum de color verde brillante.

West Indian Tree Duck. Yaguasa *(Dendrocygna arborea)*. Mide de 50 a 56 cm. Es robusta con tarsos desarrollados. La parte superior es generalmente carmelita y los bordes de las alas de color más pálido, la rabadilla y la cola son negruzcas. La garganta es blanca moteada con negro. El abdomen es blanco con manchas negras y las patas son verdosas. Esta ave tiene hábitos nocturnos, vuela sobre los campos y arrozales, principalmente en las noches de luna llena. Su vuelo es más lento que el del Yaguasín y en este sus patas largas se extienden por detrás de la cola, cuando vuela. Duerme posado en los árboles. Es menos fuerte y agresivo que el Yaguasín. Como característica distintiva se puede decir que emite un largo grito de varias sílabas de longitud que parece decir ¡Cuba Libre!. Puede criarse en cautiverio. Los huevos están situados en la tierra o en la cavidad de un árbol y son más de 17, de color blanco.

Fulvous Whistling Duck. Yaguasín *(Dendrocygna bicolor)*. Es un ave muy abundante que llegó a través de migraciones espontáneas, favorecidas por el desarrollo del cultivo del arroz. Se alimenta además de otras semillas y malas hierbas. Tiene el pecho y el vientre de color canela con rayas blancas en los lados. En la cola hay plumas negras, con una banda de plumas blancas que permite reconocerlas rápidamente en el vuelo. Este no es muy rápido, pero lo hace con el cuello extendido y en ángulo hacia abajo. Emite gritos bisilábicos característicos.

Turkey Vulture. Aura Tiñosa *(Cathartes aura)*. Mide de 69 a 81 cm de largo; cabeza y cuello desnudo, de color rojo intenso con carúnculas; el plumaje del cuerpo es negro, con alas de gran envergadura. Su pico es largo, recto en la base y muy curvo en la punta. Sus patas son muy fuertes y terminan en cuatro dedos, de los cuales tres están dirigidos hacia delante y uno hacia atrás, provistos todos de uñas ganchudas, las garras. Siempre se les ve revoleteando en grandes bandas, lo que implica la presencia segura del cuerpo muerto de algún animal, destacándose en ellas el gran sentido de la vista y el oído aunque hay ausencia de los corpúsculos olfativos que presentan otras aves. El aura no tiene voz, sólo silva emitiendo un ronco graznido de extraña y triste modulación. Anida en los farallones, en el suelo, en arbusto de poca altura o en la entrada de una cueva, donde no construye un verdadero nido, sino que coloca algunas hierbas o ramitas en cualquier hueco, entonces la hembra pone de dos a tres huevos manchados; los pichones tienen la cabeza negra.

Broad-winged Hawk. Gavilán Bobo *(Buteo platypterus)*. Es muy parecido al Gavilán de Monte, pero es de menor tamaño, es decir, más pequeño ya que mide de 33 a 40 cm. La cola es ancha con dos franjas claras y tres franjas negras; los juveniles tienen las partes inferiores blancas con franjas negruzcas. Anida en los árboles donde pone de dos a tres huevos manchados. Se alimenta de roedores, lagartijas y pollos.

Common Black-Hawk. Gavilán Batista *(Buteogallus anthracinus)*. Se conoce también como Gavilán Cangrejero, es un gavilán muy grande, de 50 a 58 cm; carmelita oscuro, pero parece negro en vuelo; cola franjeada con blanco, así como las partes interiores del ala. Los juveniles tienen las partes inferiores de blancas o ocre, fuertemente franjeadas en negro. Es un ave mansa; su voz es muy característica, ya que emite un estridente: "¡ba-tis-ta!", lo que le ha dado su nombre onomatopéyico.

Snail Kite. Gavilán Caracolero *(Rostrhamus sociabilis)*. Es un gavilán de mediano tamaño; de 40 a 46 cm de longitud; el macho es negro, con la base de la cola blanca y puntos pálidos en las plumas de esta; la hembra es carmelita en la región dorsal, las partes inferiores de color beige, franjeadas fuertemente en negro, con una franja superciliar blanca y como el macho, con la base de la cola blanca. Ambos sexos poseen el pico en forma de gancho y las patas rojas. Vuela directo sin rodeos y se desliza a veces. Captura los caracoles en el suelo con sus fuertes garras y los lleva a una percha, tomándolo con una pata que siempre es la misma, ya que se ha demostrado que estas aves son o derechas o zurdas, entonces lo viran y espera pacientemente que el animal saque el cuerpo de la concha para darle un fuerte picotazo con lo cual le corta el músculo abdominal y come el cuerpo blando del molusco.

Red-tailed Hawk. Gavilán de Monte *(Buteo jamaicensis)*. Es uno de los gavilanes de mayor tamaño de Cuba, mide de 46 a 61 cm; las alas y la cola anchas, esta última parece corta y redonda en el vuelo. La parte superior es generalmente carmelita, la cola carmelita rojiza en los adultos, la parte inferior es blanca, siendo el abdomen franjeado con negro en contraste con el blanco del pecho. Una de sus características principales es que vuela en círculos a gran altura, a veces se puede localizar entre las auras. Anida en árboles altos y a orillas de los farallones. La voz es un grito estridente.

Sharp-shined Hawk. Gavilancito *(Accipiter striatus)*. Mide de 27 a 35,2 cm de longitud. Color azul pizarra variable en sus marcas. Cabeza pequeña, cola larga, estrecha y terminación cuadrada, las alas cortas y redondeadas, en este carácter se diferencia de otras especies que tienen alas puntiagudas. Como las hembras de otras especies pertenecientes a la misma familia, son mayores que el macho. Vuela rápido y directo. Se alimenta mayormente de aves pequeñas.

Osprey. Guincho *(Pandion haliaetus)*. Es un ave grande que mide de 56 a 64 cm, dorsalmente es carmelita oscuro, con las partes inferiores claras; las plumas de la parte superior presentan manchas blancas y muchas tonalidades de blanco en la cabeza y parte posterior del cuello. Presenta una franja negra detrás del ojo. Las patas tienen dedos hacia delante y dos hacia atrás, provistos de garras muy desarrolladas, aptas para capturar los peces al vuelo desde la superficie del agua, por lo que se les ve revoleteando sobre el agua mientras buscan su alimento; en el vuelo muestran sus alas plegadas al viento. Emiten cortos silbidos.

Crested Caracara. Caraira *(Polyborus plancus)*. Mide entre 51 y 61 cm. Cabeza desprovista totalmente de plumas, negra arriba con la garganta blanca en el macho. Las hembras y los juveniles en vez de negro tienen carmelita en la parte superior de la cabeza; cuello largo; el dorso carmelita oscuro al igual que bajo vientre; las plumas primarias son mayormente blancas en la base, mostrando en el vuelo un parche blanco cerca de las puntas del ala; pecho negro y blanco; abdomen negro; patas largas. Los juveniles son mayormente carmelitas, con franjas blancuzcas en el macho. Tienen hábitos carroñeros, sólo comen las partes blandas de los cuerpos muertos de animales (mucosas) de la región oral y anal, alimentándose además de insectos y peces muertos.

Peregrine Falcon. Halcón de Patos *(Falco peregrinus)*. El mayor de los halcones de las Antillas; mide de 41 a 56 cm; las partes superiores son negro pizarra; las inferiores de blanco a ocre, con manchas y franjas negras; presenta una franja negra característica a los lados de la garganta; alas largas y puntiagudas; la cola relativamente estrecha; pico fuerte y ganchudo, mostrando el "diente" característico de estas aves.

Merlin. Halconcito de Palomas *(Falco columbarius)*. Similar en su aspecto externo al de Patos, pero mucho más pequeño, de 20 a 34 cm de longitud; el macho es gris pizarra por arriba, con la cola franjeada de negro; las partes inferiores varían de blanco a rojizo, con franjas negras; la hembra es carmelita por arriba. Sus alas son largas y estrechas, con una razón de forma elevada.

American Kestrel. Cernícalo *(Falco sparverius)*. Es el más común de los halcones, reportados en Cuba. Presenta dos fases de color, una carmelita rojiza y la otra blanca, con una fase intermedia que tiene dominio de ambas tonalidades (carmelita y blanco). Se e diferencia del Halcón de Paloma y del Halcón Peregrino por su forma de volar. Mide de 23 a 30 cm. Se alimenta de insectos, pequeños reptiles (lagartijas), ratones y de otros animales pequeños. Anida en cavidades de los árboles o en los restos de un edificio, a veces en la base de una palma seca, donde pone de dos a cinco huevos manchados de carmelita rojizo. Esta ave cría en nuestra provincia.

Northern Bobwhite. Codorniz *(Colinus virginianus)*. Ave pequeña que mide de 22 a 25 cm; presenta un complicado patrón de colores. La codorniz nativa de Cuba es muy oscura; los machos tienen la garganta y franjas superiores blancas, mientras que las de la hembra son carmelita oscuro. Son aves gregarias que fuera de la época de reproducción forman grandes bandos, de 40 a 50 individuos por cada uno de ellos. Tienen una marcada territorialidad:

establecen sus territorios muy bien definidos en áreas muy delimitadas entre una y dos hectáreas. Se puede identificar fácilmente por su peculiar voz, que emite un sonido característico que permite decir "bob-uai, bob-bob-uai". Vuelan muy rápido.

Sandhill Crane. Grulla *(Grus canadensis)*. La Mayor de las aves nativas de las Antillas, mide más de 100 cm, de color gris, con la parte superior de la cabeza (corona) sin plumas, de color rojo vino, la garganta blanca, cuello largo y patas muy largas; vuela con la cabeza y el cuello derechos.

Limpkin. Guareao *(Aramus guarauna)*. Ave grande que mide casi 70 cm. Su color es carmelitoso punteado de blanco, pico largo, ligeramente curveado en la punta; cuello y patas largas. Es un ave generalmente terrestre y a veces se ve poco dispuesto a volar. Nidifica en el suelo, estando situados los nidos en elevaciones y también en las ramas bajas de arbustos; pone de cuatro a ocho huevos manchados. Se alimenta de peces, moluscos, sacando el cuerpo del animal del interior de la concha con su largo pico, pero además ingieren ranas, lagartijas, e insectos. Son más activos al anochecer y amanecer.

Purple Gallinule. Gallareta Azul *(Porphyrula martinica)*. Es una gallareta de aspecto estilizado que mide 33 cm; tiene colores brillantes. Los adultos tienen la cabeza, parte posterior del cuello y las partes inferiores de color violeta; las infracoberturas caudales son blancas; el resto de las partes superiores son mayormente verdes. El pico en rojo en la base con una punta amarillenta; frente azul celeste; patas amarillas. Los juveniles tienen la corona y los lados de la cabeza carmelitas; el resto de las partes superiores son mayormente verdosas; la garganta es blanca; el resto de las partes inferiores es de color beige; el pico es verdoso. Es un ave muy terrestre de hábitos arborícolas.

American Coot. Gallareta de Pico Blanco *(Fulica amerinaca)*. El plumaje de esta ave es de color gris pizarra, más oscuro en la parte superior que en la inferior; la cabeza y el cuello negros; las infracoberteras caudales blancos, así como las coberteras inferiores del ala y las puntas de las plumas secundarias que son también blancas, característica que es notable en el vuelo y que permite su rápida identificación; pico blanco con la punta gris carmelita y la presencia de un escudo frontal rojo; patas verdosas con dedos lobulados. Es una especie muy gregaria; generalmente se le encuentra en aguas abiertas, en grandes bandadas, de lejos puede confundirse con un pato. Se distingue de la gallareta de Pico Rojo, porque es de mayor tamaño. Mide 30 cm y tiene la cabeza más grande que la especie antes mencionada. Es la más abundante de todas las galleretas de Cuba.

Common Moorhen. Gallareta de Pico Colorado *(Gallinula chloropus)*. Mide 33 cm. Se distingue fácilmente por su pico, como su nombre lo indica, siendo de color rojo encendido; el cuerpo casi completamente negro, con algo de carmelita en la región dorsal; las infracoberteras caudales blancos y algunas plumas blancas a los lados del cuerpo. La región frontal y los orificios nasales, rojos; patas verdes con una banda roja en la tibia, los dedos no son lobulados. Cuando nada mueve constantemente la cabeza hacia delante y hacia atrás.

King Rail. Gallinuela de Agua Dulce *(Rallus elegans)*. Recibe otros nombres vulgares (Martinete, Martillera, Gallinete). Es un ave de tamaño mediano; corona y frente carmelita oscura, el resto de las partes superiores de negro; lados de la cabeza con franjas supra o infraciliares de color blanco; barbilla y garganta blancas; el resto de las partes inferiores canela; barbilla y garganta blancas; el resto de las partes inferiores canela; la parte ventral posterior está surcada de franjas transversales de color oscuro; pico oscuro, en parte carmelitoso o rojizo; patas carmelitas.

Clapper Rail. Gallinuela de Manglar *(Rallus longirostris)*. De mayor tamaño que la especie anterior, mide de 35 a 36 cm; las partes superiores gris, carmelitoso y negro; carmelita oscuro en el pecho; las partes inferiores y posteriores franjeadas con blanco y negro; pico largo y algo curvo; no presenta estrías en los ojos. Rara vez se ve en vuelo, aunque generalmente esta especie se oye más de lo que se ve; su voz es un sonido hueco.

Northern Jacana. Gallito de Río *(Jacana spinosa)*. Recibe otros nombres vulgares como Gallito, Gallito de Agua. Mide entre 20 y 23 cm; tiene la cabeza, el cuello y las partes superiores del cuerpo negros; el resto del plumaje castaño púrpura; presenta un parche grande dorado en el ala y bajo la superficie de esta (cara interna de las plumas remeras) de color amarillo limón intenso; tiene el hábito de levantar sus alas después de pararse, desplegando las partes interiores amarillas a manera de “semáforo”, lo que tiene función intraespecífica. Las alas están provistas además de un espolón córneo, fuerte en la cara interior cuya función se desconoce. El pico y región frontal, de color amarillo, patas de gris olivado.. La voz que emite es un ruidoso cloqueo.

Snowy Plover. Fraileccillo Blanco *(Charadrius alexandrinus)*. Recibe otros nombres vulgares como Frailecillo y Títere de Playa. Es un ave pequeña de 13 cm; de color grisáceo blanquecino; la franja del pecho se reduce en esta especie a un simple parche negro a los lados del pecho; pico negro y largo; patas negruzcas. Emite un claro silbido de tres sílabas muy característico.

Black-bellied Plover. Pluvial *(Pluvialis squatarola)*. Mide 31 cm; en su plumaje nupcial presenta las partes inferiores negras, bordeadas en blanco por el frente, pero en nuestro país nunca se presenta con ese plumaje, sino su plumaje invernal, con las partes superiores negras muy manchadas; las partes inferiores blancas, veteadas con negro; la cola veteada con blanco amarillo.

Ruddy Turnstone. Revuelvepiedras *(Arenaria interpres)*. Es un ave de patas cortas, robusta que mide 22 cm, con un complicado patrón de colores. En su plumaje nupcial se caracteriza por presentar el dorso castaño y negro; cabeza blanca y negra; pechera negra; a las con parche blanco. En su plumaje invernal se les ve generalmente en las Antillas como cualquier otra ave, pero posteriormente alternan las partes superiores de negro y blanco y el parche de las alas blanco; pechuga blancuzca. El pico es negro y los ojos son muy oscuros.

Wilson's Plover. Títere Playero *(Charadrius wilsonia)*. Recibe otros nombres: Frailecito, Frailecillo, Puntilla, Cabezón y Corredor. En la región dorsal es carmelita grisáceo con un collar blanco y una franja corta superciliar; partes interiores blancas con una franja negra a lo largo del pecho; pico largo, fino y negro; patas rosadas grisáceas. Mide 20 cm.

Killdeer. Títere Sabanero *(Charadrius vociferus)*. Recibe otros nombres como Frailecillo y Soldado. Se diferencia de otras aves de esta familia por su gran tamaño, ya que mide 26 cm. Presenta una larga cola. Tiene dos franjas negras completas que le surcan el pecho; rabadilla y cobertoras superiores de la cola de color rojizo. Se le reconoce por su inconfundible voz, emitiendo un estridente y constante grito. Anida en la tierra donde pone de tres a cuatro huevos manchados; los pichones de todas estas especies de frailecillos son nidífugos, pudiendo abandonar el nido tan pronto nacen. No presenta dimorfismo sexual. Ave que se caracteriza por sus hábitos nocturnos.

Semipalmated Plover. Frailecillo Semipalmeado *(Charadrius semipalmatus).* Un ave semejante el Títere Playero, pero más pequeña; 18 cm, el pico mucho más corto, amarillo naranja en la base, negro en los juveniles; patas amarillentas. Es un residente invernal común en nuestras costas y playas; puede vérsele con más frecuencia durante el otoño y la primavera.

Willet. Zarapico Real *(Cataptrophorus semipalmatus).* Es la única especie de esta familia que cría en las Antillas. Sus partes superiores son pálidas y presenta poco contraste con el blanco de sus partes superiores; patas oscuras. Mide 38 cm; tiene una amplia banda blanca en las caras internas y externas del ala que permiten reconocerlo rápidamente al vuelo. Puede vérsele todo el año.

Black-necked Stilt. Cachiporra *(Himantopus mexicanus).* Recibe otros nombres comunes: Soldado, Miguelete y Zancudo. Es un ave graciosa que mide de 36 a 38 cm. Es de color blanco y negro con las patas rojas muy largadas; pico fino y largo de color negro; corona, parte inferior del pescuezo, manto y alas negras; cola gris pálida; rabadilla y partes inferiores blancas; las hembras tienen el manto suave y carmelita. Es la única especie de esta familia que cría en Cuba. Su voz es un ruidoso parloteo. Es además una especie que tiene hábitos gregarios.

Common Snipe. Becasina *(Gallinago gallinago).* Tiene un pico muy largo y recto; las partes superiores negras y carmelitosas con franjas pálidas; en el vuelo muestran totalidades rojizas en la cola. Mide 28 cm. La característica principal de estas aves es su vuelo muy errático en los primeros momentos, aunque después de unos diez o doce segundos, baja y se estabiliza.

Lesser Yellow-legs. Zarapico Patiamarillo Chico *(Tringa flavipes).* Sus largas patas son de color amarillo, pico fino y derecho; base de la cola de color blanco. Mide de 25 a 28 cm.

Greater Yellow-legs. Zarapico Patiamarillo Grande *(Tringa melanoleuca)*. Es muy semejante al Zarapico Patiamarillo Chico, pero es mayor y más robusto; mide de 33 a 38 cm; presenta un pico largo.

Semipalmated Sand-piper. Zarapico Semipalmeado *(Calidris pusilla)*. Es un ave de playa, pequeña que mide 16 cm; sus partes superiores son grises; las partes inferiores anteriores están fuertemente franjeadas de oscuro; en invierno su plumaje es casi inmaculado; pico fino; patas negruzcas.

Least Sand-piper. Zarapiquito *(Calidris minutilla)*. Es el más pequeño de las Zarapicos que llegan a las Antillas, mide 15 cm. Se parece mucho al Zarapico Semipalmeado, pero sus patas son amarillas de color oscuro (carmelitoso) por arriba con pocas tonalidades grises.

Western Sandpiper. Zarapico Chico *(Calidris mauri)*. En su plumaje invernal se distingue del Zarapico Semipalmeado, solamente por su pico largo, curvo en la punta; sin embargo, los machos pequeños son indistinguibles en esta estación de las hembras del Zarapico Semipalmeado. Mide 16.5 cm. En su plumaje nupcial tiene las partes superiores rojizas y las inferiores más marcadas de oscuro. Es un raro visitante de nuestras costas y ciénagas.

Spotted Sandpiper. Zarapico Manchado *(Actitis macularia)*. Uno de los más comunes zarapicos. Mide 20 cm, aproximadamente. Las partes superiores son carmelita-olivo; las inferiores, blancas marcadas con manchas redondas negras, solamente en su plumaje nupcial; la mandíbula inferior amarilla. Se le ve solitario, nunca en bandadas. Es un común residente invernal de nuestras playas y costas.

Least Tern. Gaviotica *(Sterna antillarum).* Es una gaviota pequeña que mide 23 cm. En su plumaje nupcial presenta la región dorsal gris plateada y las partes inferiores blanco inmaculado; en esta estación el pico es de color amarillo, negro en la punta; presenta una franja blanca que nace desde el pico hasta la parte superior del ojo; patas amarillo naranja. En el otoño el plumaje es en eclipse, el pico es negruzco, las patas amarillas oscuras y la corona negra desaparecen.

Forster's Tern. Gaviota de Forster *(Sterna forsteri).* En su plumaje nupcial se asemeja a la Gaviota Común, pero las plumas primarias del ala son blancas plateadas en vez de grises; las membranas interiores de las plumas exteriores de la cola, negruzcas. Mide 37 cm. En estadio juvenil pueden ser identificadas por la franja negra que presentan a través del ojo, que contrasta con el blanco de la corona y nuca.

Sandwich Tern. Gaviota de Pico Amarillo *(Thalasseus sandnicensis).* El plumaje es muy parecido al de la Gaviota Real, pero el pico es más fino y negro con una mancha amarilla. Mide 38 cm. Sus nidos son también parecidos al de la Gaviota real.

Royal Tern. Gaviota Real *(Sterna maxima).* Es la más grande de todas las gaviotas que crían en las Antillas, mide más de 50 cm, se le reconoce fácilmente por su tamaño. El pico es naranja; patas negras; plumas negras en la nuca, alargadas; cola en forma de tenedor no demasiado alargadas. Anida en colonias.

Caspian Tern. Gaviota Real Grande *(Sterna caspia).* Se parece a la Gaviota Real, pero es más grande, mide 53 cm, con el pico rojo, fuerte; la forma del tenedor de la cola es menos profunda; color oscuro debajo de las alas. Esta especie es un visitante muy raro.

Herring Gull. Gallego *(Larus argentatus).* Se distingue del Galleguito por su gran tamaño, mide 64 cm. El pico es amarillo y las patas rosadas pálidas; las aves juveniles son carmelitas grisáceo y adquieren el color blanco en el segundo año de vida; el adulto es en general gris por arriba y blanco por debajo. Se alimenta de peces que capturan en el mar con su fuerte pico.

Ring-billed Gull. Gallego Real *(Larus delawarensis).* Se parece al Gallego, pero es más pequeño, mide solo 48 cm, con un aro negro alrededor del pico; las patas son rosadas en el primer año de vida, tornándose después amarillo-verdosas; en el vuelo muestran más negro en los lados inferiores del ala; los juveniles muestran blanco en la base de la cola. Es un raro visitante invernal de nuestras costas.

Laughing Gull. Galleguito *(Larus atricilla).* Recibe otros nombre, Gaviota Reidora. En su plumaje nupcial se distingue de otras especies de la familia, por su cabeza negra (verano), pero durante el invierno, se pierden las plumas negras y queda sólo una especie de "caja" negra sobre el ojo. Mide 48 cm. En vuelo muestra el borde escondido del ala que es blanco. Los juveniles son carmelitas grisáceo por arriba, el pecho oscuro y la base de la cola es blanca. La voz que emite es similar a una sonrisa fuerte, de ahí su nombre vulgar. Anida en la tierra, en grandes colonias.

Brown Noddy. Gaviota Boba *(Anous stolidus).* Una gaviota de colores mayormente carmelitas, con la corona blanca en el adulto. La cola redonda, a diferencia de las otras especies que la tienen de forma de tenedor. Mide 38 cm. Cría en Cuba. Es una especie común durante el verano en las costas y cayerías.

Black Skimmer. Pico de Tijera *(Rynchops niger).* Su característica principal esta dada por el hecho de que la rama mandibular es mayor que la rama maxilar del pico, aplanada lateralmente con la cual "engancha" los peces al pasar volando a ras del agua. Las partes superiores del cuerpo son mayormente carmelitosas; el frente y las parte inferiores blancas; pico aplanado lateralmente, rojo en la base siendo en el resto del mismo negro; las patas son rojo-naranja; las alas son muy largas. Mide de 43 a 51 cm.

Ruddy-quail Dove. Boyero *(Geotrygon montana).* Es de menor que el Camao, mide 25,5 cm. En esta especie hay un gran dimorfismo sexual: el macho tiene las partes superiores de color avellana rojizo con ligeros destellos púrpura; una franja oscura por la región malar; barbilla y garganta blancuzcas; pecho de color vino; el pico y las patas rojas o rojizas. La hembra presenta las partes superiores carmelita oscuro con un viso verdoso y más pálido por debajo, la parte anterior e inferior de la frente carmelita más pálido; el pico y las patas igual que el macho.

Grey-headed Quail Dove. Camao o Azulona *(Geotrygon caniceps).* Una paloma muy bella con gran variedad de colores; cabeza y partes inferiores, mayormente grises; manto púrpura; rabadilla azul-violeta, la parte baja del abdomen y las coberteras inferiores de la cola, oscuras; presenta algunos tonos rojizos en las alas; el pico y las patas rozados. Mide 28 cm. No se parece a ninguna otra paloma cubana.

White-winged Dove. Paloma Aliblanca *(Zenaida asiatica).* Es muy parecida a la Paloma Sanjuanera, siendo ambas especies casi del mismo tamaño (30 cm). Pero la Aliblanca tiene las partes inferiores más oscuras de un grisáceo carmelita sin el color vino de la Sanjuanera. La Aliblanca como su nombre común lo indica presenta una banda blanca aproximadamente a la mitad de la longitud del ala a todo lo largo de esta, observándose aún cuando el ave está pesada;

no tiene manchas negras en las alas. Los alrededores de los ojos son de un fuerte color azul, su pechuga alcanza mayor peso que la de las dos especies anteriores. Esta paloma es muy gregaria, puede vérsele en bandos nutridos en los "comederos", teniendo una extraordinaria movilidad cuando los cazadores las fustigan mucho.

Mourning Dove. Paloma Rabiche *(Zenaida macroura).* Se diferencia de otras palomas, ya que carecen de tonalidades de blanco en las alas y por su cola que es muy puntiaguda. A diferencia de otras especies que la tienen redondeadas; tiene una mancha negra en la cabeza en la región de los conductos auditivos; la cola es de color carmelita grisáceo con plumas blancas a ambos lados, destacándose muy bien al abrirse en el vuelo. Mide de 28 a 33 cm.

Zenaida Dove. Guanaro *(Zenaida aurita).* Es una paloma robusta, que mide de 28 a 30 cm, gris carmelita por la parte superior y de color vino por la inferior; garganta y parte anterior del cuello, canela; las alas están moteadas de negro, las secundarias exteriores con las puntas blancas, así como las zonas finales de la cola que también son blancas, de manera que cuando vuela se ve una franja blanca al final de las alas y también en la cola, esta es corta y redondeada en su extremo; presenta unas franjas azul-violeta oscuro sobre las coberteras de los oídos que parecen negras; los lados del cuello son más o menos púrpuras.

Common Ground Dove. Tojosa *(Columbina passerina).* Es el ave silvestre más abundante en la región central de Cuba después del Gorrión. Es una paloma terrestre, pequeña, no mucho mayor que el Gorrión. Mide de 15 a 18 cm. Las partes superiores son carmelitosas con puntos violetas en las alas; las partes inferiores de color vino y gris en los machos, en las hembras de color blanco, siendo estas más opacas.

White-crowned Pigeon. Torcaza Cabeciblanca *(Columba leucocephala).* Paloma grande que mide 35 cm; de color oscuro, gris pizarra; el cuello con un viso metálico bronceado de verdoso a violeta; las plumas del cuello, el buche y la región dorsal están bordeadas de negro, lo que les da un aspecto de escamas; la región malar, suborbital y orbital son de color más oscuro, lo mismo que las plumas axilares y del ala; las patas son rojas y el pico de color oscuro, en la punta de verdoso a blancuzco y en la parte basal de un rojo violáceo, la parte de los orbitales entre blanco y rosado; el iris claro. La corona comienza sobre los ojos y llega hasta el pico por delante y la parte posterior de la cabeza por detrás; en el macho adulto la corona es de color blanco inmaculado a diferencia de la hembra que ostenta en el mismo lugar un color grisáceo. Los juveniles más desarrollados, son como las hembras en cuanto a la colaboración de la corona, en las etapas más tempranas del desarrollo, cuando aparecen las plumas, la corona es apenas perceptible o no existe. Es una especie de hábitos gregarios, durante el período de la reproducción, concentrándose en grandes colonias en bosques, montes, costas y manglares donde se reúnen cientos de miles de individuos para anidar.

Scaly-naped Pigeon. Torcaza Cuellimorada *(Columba squamosa).* Es una paloma de tamaño grande que mide 38 cm; de color rojo vivo en la cabeza, parte posterior del cuello y las mejillas; parte del interior del cuello canela y púrpura metálico; el resto del cuerpo es gris oscuro; las partes peladas alrededor de los ojos, rojos en los machos y amarillo en las hembras; patas y base del pico de color rojo.

Cuban Parakeet. Catey *(Aratinga euops).* Recibe otros nombres comunes como Periquito. El plumaje es verde brillante con plumitas salteadas sin orden en la cabeza, cuello y otras partes, de color rojizo; patas de color pardo ceniciento; ojos rojos y alrededor de la pupila una estrecha franja amarilla. Los juveniles tienen los colores menos vivos y carecen de las plumas rojizas esparcidas. La hembra es menor que el macho pues esta mide 28,5 cm y la hembra 27,5 cm. Su alimento consiste en semillas de diferentes árboles y en frutas; sobre todo de un árbol llamado "callistemun". Su vuelo es rápido y recto, acostumbrado a volar en bandos. Es de hábitos más gregarios que la Cotorra.

Great Lizard Cuckoo. Arriero *(Saurothera merlini)*. Es un ave muy común de los ecosistemas boscosos. Mide entre 46 y 56 cm, de longitud; por arriba carmelita rojizo; las inferiores anteriores blancuzcas y las inferiores posteriores de color beige u ocre; las plumas de la cola excepto las centrales, tienen las puntas blancuzcas y el extremo negro; la piel es desnuda alrededor del ojo; iris rojo; pico curvado. Su larga cola lo ayuda a desplazarse de una rama a otra. Su fuente fundamental de alimentación son las lagartijas del género Anolis.

Mangrove Cuckoo. Arrierito *(Coccyzus minor)*. Es semejante a un Arriero, pero más pequeño. Mide 28 a 30 cm, las partes superiores grises o carmelita grisáceas; las cubiertas del oído negras; las plumas de la garganta y el pecho varían desde el blanco hasta el ocre; las partes posteriores inferiores siempre de color ocre; mandíbula inferior amarilla o naranja puntuada en negro.

Smooth-billed Ani. Judío *(Crotophaga ani)*. Es un ave inconfundible de color negro con tintes carmelitas, mide de 35 a 38 cm; se le conoce fácilmente por su pico grande producto de una excrecencia córnea o cresta por encima de las ramas maxilares del pico, lo que le da su nombre vulgar, "Judío". Vuela despacio alternando los aletazos; su voz es estridente y tiene la curiosa costumbre de avisar a otras aves de la presencia de una persona en el campo con su peculiar voz, poniendo a todo el mundo animal en alerta ante la presencia del intruso.

Yellow-billed Cuckoo. Primavera *(Coccyzus americanus)*. Es muy similar al Arrierito, pero presenta las partes inferiores siempre blancas, sin tonos ocres; las plumas primarias son más o menos rojizas, pero este color algunas veces lo tienen solamente en las membranas interiores; las cubiertas del oído son oscuras, pero no negras. Mide de 28 a 30 cm.

Common Barn Owl. Lechuza *(Tyto alba)*. Es una rapaz nocturna muy conocida, principalmente por su inconfundible grito que deja oír en horas de la noche, al volar sobre campos y ciudades, Es un ave de garras muy poderosas aptas para capturar las presas de que se alimenta, principalmente ratas y ratones, aunque también ingiere murciélagos, ranas e insectos grandes. Durante el día se refugia en árboles, entradas de cavernas, edificios viejos y casas de secar tabaco.

Stygian Owl. Siguapa *(Asio stygius)*. Es una lechuza grande, mide aproximadamente entre 40 y 45 cm de longitud. Color oscuro con prominentes moños en los oídos. Las partes superiores negras; más o menos moteada con blanco; partes inferiores anteadas u ocres-anteadas, fuertemente manchadas y una franja negra. Es subespecie endémica y muy rara.

Short – eared Owl. Cárabo *(Asio flammeus)*. Es una lechuza grande que mide de 35 a 43 cm, terrestre y de hábitos mayormente diurnos. Penachos cortos en la región de los oídos. Los colores en general varían entre el beige y el ocre, fuertemente manchados con negro por arriba y con una franja negruzca en las partes inferiores.

Cuban Bare – legged Owl. Sijú Cotunto *(Otus lawrencii)*. Es de tamaño mayor que el Sijú Platanero, ya que alcanza de 21 a 21.5 cm de longitud, diferenciándose de este no sólo por el tamaño, sino también porque tiene los tarsos desnudos, mientras que los tarsos del otro están recubiertos de plumas. Presenta hábitos totalmente nocturnos. Las partes superiores son de color pardo oscuro con algunas manchas blancas en el dorso y en las coberteras de las alas; la cara es de color pardusco oscuro; la garganta blancuzca, el pecho es pardo mezclado con blanco; el resto de las partes inferiores es blanco sucio; las plumas tienen líneas pardas, las remeras primarias son de color pardo oscuro manchadas de blanco; la cola es parda oscura con una franja blanca en su parte inferior. El pico es carmelita oscuro; las patas amarillas pálidas; los ojos muy oscuros. El macho es un poco mayor que la hembra. Se alimenta de mariposas nocturnas, de otros insectos, así como de aves pequeñas. Es especie endémica de Cuba.

Cuban Pygmy Owl. Sijú Platanero *(Glaucidium siju).* Es de tamaño más pequeño que el Sijú Cotunto; la parte superior de la cabeza es de color es de color pardo pálido con manchitas de color blanco sucio; la cara es blancuzca con tinte pardusco al igual que la garganta, pero el pecho es de color variado de pardo y blanco; carmelita oscuro en la región dorsal; las otras partes inferiores de la cola son blancas, las timoneras son oscuras con franjas transversales blancas; los ojos de un amarillo brillante; el pico y la cara verdosas al igual que los dedos donde los tarsos son plumados. Según la edad, varía su colorido, ya que la parte superior es de color pardo rojizo, con las plumas de la cabeza sin manchitas y algunos ejemplares tienen en el vientre manchas morenas. Su tamaño oscila entre 17 y 18.5 cm. El macho es menor que la hembra. Es de hábitos diurnos y nocturnos, aunque podemos afirmar que es mayormente diurno. Su vuelo es corto y lento, pero cuando se lanza sobre sus presas es rápido. Se alimenta de lagartijas, insectos y larvas. Cuando se acerca la temporada de la reproducción, el macho alza la cola hasta casi tocarse el lomo y la mueve de un lado a otro con el cuerpo inmóvil; puede también girar la cabeza de tal modo que las dos manchas negras de la nuca aparezcan por delante como si fueran los ojos. Es una especie endémica del país.

Cuban Nightjar. Guabairo *(Caprimulgus cubanensis).* Mide 28 cm; es de un gris oscuro por arriba; las partes interiores oscuras más bien negruzcas con una mancha blanca irregular en el pecho. Los machos tienen las plumas exteriores de la cola punteadas en blanco. La cabeza es grande; son aves muy voraces que abren el pico desmesuradamente; poseen un gran mimetismo.

Chuck-will's Widow. Guabairo Americano *(Caprimulgus carolinensis).* Plumaje gris a ocre veteado con franjas y manchas negras; el macho tiene un parche blanco en las plumas exteriores de la cola; se distingue del Guabairo Cubano en que es un poco mayor, de 30 a 35 cm. Se le considera un residente invernal poco común en Cuba.

Antillean Nighthawk. Querequeté *(Chordeiles gundlachii).* Mide entre 20 y 25 cm. Se distingue por una franja blanca larga y estrecha que atraviesa el ala, el macho tiene además una franja blanca en la cola. Esta ave es capaz de desarrollar una gran velocidad en el vuelo, este es errático pudiendo vérsele al ocaso y en días nublados muy activo.

Antillean Palm Swift. Vencejo de Palma *(Tachornis phoenicobia).* Es una especie muy pequeña, que mide de 10 a 11.5 cm. Las partes superiores negras; la rabadilla blanca; garganta, pecho y vientre blancos con una franja negra entre el pecho y el vientre. Vuelo errático como el de los murciélagos. Anida en colonias en las palmas.

Cuban Emerald. Zunzún *(Chlorostilbon ricordii).* Mide entre 10 y 11,5 cm de longitud. De color verde esmeralda brillante, con un marcado dimorfismo sexual: el macho es verde con la cola negruzca y las coberteras de las alas blancas; la mandíbula inferior rosácea; cola en forma de tenedor. La hembra de verde a verde bronceado por arriba haciéndose violeta opaco en la cola; partes inferiores grises, verdes a los lados; los dos sexos, tienen una mancha blanca detrás del ojo. Es el más común de las tres especies reportadas.

Cuban Trogon. Tocororo *(Priotelus temnurus)*. Es un ave bien conocida característica de nuestros ecosistemas boscosos; la corona es azul violeta oscura; el dorso y la rabadilla son de un verde metálico brillante; garganta y pecho grises; la parte posterior del vientre y las plumas de abajo de la cola forman una especie de triángulo de color rojo vivo; las alas son negras con manchas y franjas blancas, las plumas de la cola adoptan una disposición especial en forma de lira, dando la impresión de que estuvieran cortadas con una tijera y son de color azul oscuro iridiscentes por arriba. El pico presenta la rama maxilar superior negra y la inferior de color rojo que se extiende hacia arriba. Los ojos son de color bermellón. Las patas presentan los dedos uno y dos dirigidos hacia atrás y el tres y cuatro hacia adelante. Es un ave de poca vivacidad. Ya que acostumbra a permanecer inmóvil en la misma rama, con el cuerpo en dirección perpendicular, el cuello encogido y la cola inclinada hacia adelante, lanzando al aire a menudo su monótono reclamo de "tocororo" de cuya onomatopeya proviene su nombre común. Se alimenta de fundamentalmente de insectos, flores y frutas silvestres los que atrapa realizando cortos vuelos, ya que no realiza vuelos a largas distancias, sino más bien pasa de un árbol a otro en un trayecto no mayor de 30 m, siendo escalonado el viaje, de árbol en árbol sobre todo en árboles altos. Es un ave pacífica que permite el acercamiento del hombre, pudiendo este posesionarse debajo de las ramas, donde se encuentra posado, sin huir.

Belted Kingfisher. Martín Pescador *(Ceryle aleyon)*. Presenta un moño en la cabeza, tanto el macho como la hembra. Mide entre 30 y 33 cm de longitud; mayormente azul cenizo por arriba y blanco por debajo, con una franja ancha a través de la pechuga; la hembra tiene además una franja estrecha castaña a través de la parte inferior del pecho; los lados son castaños.

Cuban Tody. Cartacuba *(Todus multicolor)*. Otro nombre que recibe también es Pedorrera. Mide sólo 10,6 cm de longitud, las partes inferiores son de un verde brillante, lo que la hace poco visible, ya que se enmascara entre la vegetación; las plumas de la base del pico son amarillas; la garganta es de un color rojo intenso con las orillas ribeteadas de blanco; a ambos lados del cuello. Presenta plumas azul celeste en la región debajo de los oídos; el pecho es ceniciento con los lados rozados; las coberteras inferiores de la cola son amarillas, el pico es por encima pardusco y por debajo de color coral claro, lo mismo que las patas; ojo azul ceniciento. Los juveniles carecen de rojo en las partes inferiores y tienen una franja verde oscura en el pecho. Su alimentación es a base de insectos que captura al vuelo y si son algo grandes, los destroza a golpes contra una ramita antes de tragárselos. Cuando vuela emite un sonido peculiar con las alas, que es lo que da el nombre vulgar de Pedorrera, pero su canto de reclamo "to-to-to" le ha dado el científico de "Todidadae" a toda la familia y el de Todus al género. Este sonido que emite con las plumas primarias exteriores de las alas, lo produce a voluntad, pues en el vuelo normal no se oye; esto puede tener un valor adaptativo pues con él lograría espantar a los insectos que se hallan disimulados en el lugar a los que puede atrapar al vuelo.

Northern Flicker. Carpintero Escapulario *(Colaptes auratus)*. Mide de 30 a 33 cm. Las partes superiores son mayormente gris carmelitoso con franjas negras; el macho presenta la cabeza roja; en el pecho tiene una serie de mancha negras en forma de ángulo con el objetivo del vértice dirigido hacia el abdomen; la rabadilla es blanca manchada con negro; un collar escarlata presenta en la nuca; partes inferiores de color beige manchadas con negro con un parche negro grande en la pechuga; las superficies interiores de las alas y la cola de color dorado. Rara vez se ve en la tierra. Se alimenta de insectos, maíz tierno y frutas.

West Indian Red-bellied Woodpecker.. Carpintero Jabado *(Melanerpes superciliaris)*. Es el más común y abundante de los pájaros carpinteros reportados en Cuba. Mide de 24 a 30 cm; partes superiores con franjas alternas negras y blancas; cabeza roja escarlata en el macho; la zona roja se extiende desde la corona hasta la parte inferior del cuello; pero en la hembra el rojo está limitado solamente a la nuca y el interior del cuello; las partes inferiores gris carmelitoso; el abdomen rojo. Los nidos son como los descritos para el Carpintero Churroso.

Cuban Green Woodpecker. Carpintero Verde *(Xiphidiopicus percussus)*. Se identifica con dificultad, ya que ningún otro carpintero de Cuba tiene las partes superiores verdes; no obstante presenta un complicado patrón de colores difícil de describir. La corona y la parte interior del cuello, rojos en el macho mientras que en la hembra es negra con franjas blancas; la frente y una banda sobre el ojo son blancos así como los lados de la cabeza que son también blancos con una franja negra que nace en el ojo y se extiende hasta la nuca; garganta negra con un parche rojo en la parte superior del pecho; la espalda, parte superior de las alas y la rabadilla hasta principios de la cola; de color amarillos verdosos; el pecho amarillo con líneas verticales oscuras que se convierten en franjas horizontales negras en el abdomen, siendo este amarillo brillante en el centro; pico azulado; ojos rojizos; patas de color ceniciento olivado; cola gris. Suele levantar las plumas de la cabeza con lo que da la impresión de tener moño. Mide entre 21,5 y 25,5 cm. Gusta de andar en pequeños bandos o si no en parejas, pero casi nunca como el Churroso; además se diferencia de este en que la nuca baja al suelo pues es totalmente arbóreo. Es fácil notar su presencia por los fuertes picotazos con que golpea repetidamente los troncos, donde puede vérsele siempre posado apoyado en sus patas y en su fuerte cola, adoptando posiciones insólitas, incluso cabeza abajo. Busca su alimento entre las hojas y debajo de la corteza de los árboles, ya que se alimenta de insectos xilófagos y larvas, aunque también de frutas.

Yellow bellied Sapsucker. Carpintero de Paso *(Sphyrapicus varius)*. La única especie de carpintero reportada en Cuba, que no cría en nuestro archipiélago. Mide entre 20 y 21,5 cm; las partes superiores negras manchadas con blanco en las alas y la región dorsal; corona, roja en el macho y negras en las hembras; los lados de la cabeza presentan franjas negras y blancas; garganta roja en el macho y blanca en la hembra; un parche grande negro en la parte inferior del cuello y la pechuga; el resto de la partes inferiores, amarillo pálido con franjas negras a los lados del cuerpo; presenta una franja ancha a través de las coberteras del ala; las supracoberteras caudales, mayormente blancas. Los juveniles muestran más o menos la s características del adulto, pero presenta una franja blanca en el ala.

Greater Antilleam Pewee. Bobito Chico *(Contopus caribaeus)*. Es un ave pequeña con 16 cm de longitud con el pico ancho; la rama mandibular del pico es pálida; las partes superiores gris ceniciento más oscuro en la corona; las partes inferiores gris beige; en la cabeza detrás del ojo presenta una mancha blanca. Ave que presenta un curioso hábito de hacer temblar su cola después que está posada. Construye sus nidos en las ramas de los árboles o en la maleza, donde anida la hembra poniendo de dos a cuatro huevos manchados, a veces estas forman una especie de adorno alrededor de la mitad del hueco.

La Sagra's Flycatcher. Bobito Grande *(Myiarchus sagrae)*. Un Bobito muy común que permite que el hombre se le acerque casi hasta detenerse debajo de la rama en que se encuentre, sin huir. Las partes inferiores posteriores varían desde blanco a amarillo pálido, mide 19 cm; con tonalidades rojizas en la cola.

Eastern Wood Pewee. Bobito de Bosque *(Contopus virens).* Mide 16 cm; presenta las partes interiores pálidas y blancas; las alas son grandes (unos 7,6 cm), con dos franjas blancuzcas que la atraviesan.

Willow Flycatcher. Bobito Verde *(Empidonax virescens).* Un bobito pequeño, 15 cm, de muchos colores que no se parece al Bobito de Bosque, pero sus partes superiores son verde opaco, con una franja pálida muy marcada en las alas; un arco alrededor de los ojos, blanquecino; las partes inferiores blancas, con tonalidades difusas olivadas y amarillas

Gray Kingbird. Pitirre Abejero *(Tyrannus dominicensis).* Es el más común y el más conocido de todos los pitirres reportados en Cuba. Mide 23,5 cm; su plumaje es de color grisáceo en la cabeza y la región dorsal; vientre de gris claro a blanquecino; presenta un parche rojo naranja y amarillo en la corona y una mancha oscura cerca del ojo. Son insectívoros, alimentándose de abejas fundamentalmente y de otros insectos de mediano y gran tamaño; casi todas las abejas que ingieren son zánganos por lo que no afecta sustancialmente la producción de miel.

Loggerhead Kingbird. Pitirre Guatíbero *(Tyrannus caudifasciatus).* Es la réplica del Pitirre Real, pero en menor escala ya que mide 23,5 cm; cabeza muy oscura; dorso gris olivo o carmelita grisáceo, pero no es gris puro; el parche de la corona es amarillo o mayormente amarillo, cola con las puntas blancas u grises; esta ave generalmente se ve pero no se oye.

Caribbean Martín. Golondrina Azul Cubana *(Progne dominicensis).* Las hembras y los jóvenes son de color pardo pálido por debajo del vientre y parte de la cola es blancuzca. El macho adulto presenta un hermoso color negro azul con reflejos púrpura y violetas; pico negro; patas pardas violetas.

Cave Swallow. Golondrina de Cueva *(Petrochelidon fulva)*. Es una golondrina común en Cuba, que se distingue por la apariencia cuadrada de su cola, aunque en el vuelo esto se le nota poco. Es más corpulenta que otras especies de esta familia, mide 13 cm. Las partes superiores son mayormente azul-negro con franjas blancas en el dorso, partes inferiores blancuzcas, con leves tonalidades rojizas; rabadilla castaña. Los adultos presentan un collar de color carmelita rojizo y la frente rojiza.

Northern Mockingbird. Sinsonte *(Mimus polyglottos)*. Es la especie más conocida y representativa de esta familia. Mide 25 cm, de color gris ceniciento en las partes superiores con algunos trazos carmelitas, así como las alas y la cola que son grises oscuros, pero algunas plumas del ala son blancas. Se alimenta de frutas principalmente, aunque también de insectos.

Catbird. Zorzal Gato *(Dumetella carolinensis)*. Es un ave que mide 23 cm de longitud; plumaje de color pizarra con el píleo casi negro; las partes inferiores pálidas; cola negra con las infracobertoras caudales de color castaño. Se le identifica en el campo por su voz, ya que emite el maullido de un gato.

Red-legged Thrush. Zorzal Real *(Turdus plumbeus)*. Recibe otro nombre común: Zorzal de Patas Coloradas. Mide de 25 a 28 cm; cabeza gris con garganta y parte del pecho de color negro; cola negra con las puntas de las plumas exteriores blancas; iris, pico y patas de color rojo intenso.

Blue-gray Gnatcatcher. Rabuita *(Polioptila caerulea)*. Es un ave pequeña, mide 11,5 cm; muy parecida a un Sinsonte pero de menor tamaño, con la cola larga y negra. Las partes superiores de color gris azul; las inferiores blancuzcas; presenta una franja negra desde la frente hasta el borde de la corona en los machos y un aro blanco en el ojo, las plumas centrales de la cola son negras, las exteriores blancas; pico ligeramente curvado. Las hembras son más opacas que los machos.

Black-whiskered Vireo. Bien-te-veo *(Vireo altiloquus).* Las partes superiores de color verde olivo; la corona más o menos con un tinte gris; franja supraciliar blanca y otra oscura a través del ojo; los lados de la garganta bordeados estrechamente de color oscuro; las partes inferiores blancas con un viso verde amarillento en los lados y flancos; las infracoberteras caudales son de color amarillo pálido; el iris carmelita rojizo. Se diferencia del Juan Chiví ya que es algo mayor que este (13 cm) y además acostumbra a cantar en las partes más bajas de los árboles, mientras que el Juan Chiví está siempre en las partes más altas de los árboles.

Cuban Vireo. Juan Chiví *(Vireo gundlachii).* Otro nombre común que recibe: Ojón. Especie de pequeño tamaño (de 13 a 14 cm), las partes superiores son de color gris olivado como casi todos los "víreos"; la parte entre el pico, el ojo y el contorno de este son amarillentos; tiene en las alas, que son cortas y redondeadas, dos franjas blancas poco notables; las partes inferiores de amarillo oscuro, patas de color plomizo; iris carmelita. El pico es algo curvado y más grueso que el de las bijiritas. Anda siempre por la zonas de los árboles donde repite constantemente las dos palabras que le han dado su nombre común "Juan Chiví", "Juan Chiní". Cuando un intruso penetra en sus predios; su curiosidad lo hace acercarse a mirar son sus grandes ojos, al extraño y una vez satisfecha su inquietud vuelve a repetir su monótono "Juan Chiví". Para alimentarse registra los bejucos de las maniguas en busca de pequeños insectos.

White-eyed Vireo. Vireo de Ojo Blanco *(Vireo griseus)*. Ave que en las alas tiene una o dos franjas blancas transversales. Encima del pico tiene una franja amarilla estrecha; alrededor del ojo tiene un anillo amarillo; los lados del cuerpo, debajo de las alas son de color amarillo claro.

Yellow-throated Vireo. Vireo de Pecho Amarillo *(Vireo flavifrons)*. Se conoce también con el nombre de Verdón o Verdón de Pecho Amarillo. Mide 14 cm, tiene las partes superiores anteriores, verde olivo, lo que da su nombre común de Verdón; rabadilla y plumas superiores de la cubierta de la cola, de color gris; alas y cola negruzcas con los bordes blancuzcos en muchas plumas, presenta dos franjas blancas en las alas; garganta, pecho y partes inferiores, amarillo brillante, las partes inferiores posteriores blancas; aro alrededor del ojo. Es n residente invernal raro.

Prairie Warbler. Bijirita *(Dendroica discolor)*. Mide 12 cm. Es una bijirita de color verde limón en la parte superior con cuatro bandas estriadas incompletas en las alas de color carmelita rojizo; lados de la cara, garganta y vientre amarillos; patas pálidas.

Cape-may Warbler. Bijirita Atigrada *(Dendroica tigrina)*. Como su nombre lo indica, esta especie presenta manchas negras sobre un fondo amarillo que se aprecia en el pecho y en el vientre; tiene una franja blanca en cada ala; cabeza amarillenta; el macho presenta una mancha carmelita; el macho presenta una mancha carmelita rojiza alrededor del ojo, mientras que la hembra no tiene esta mancha. Tiene menos blanco en las alas, las partes inferiores blancuzcas o amarillo más pálido con las franjas negruzcas; las hembras inmaduras muestran blanco a ambos lados del cuello y franjas oscuras en las partes inferiores; mide 13 cm.

Black-throated Blue Warbler. Bijirita Azul de Garganta Negra *(Dendroica caerulescens).* Mide 3 cm; el macho de color gris acero con la cara, garganta, parte del pecho y zona ventral de color azul muy oscuro; el resto de las partes inferiores blancas con algo de blanco en la cola y una mancha blanca en el ala. La hembra es gris verdosa dorsalmente y beige en la región ventral con una franja supraciliar de color beige que no la presenta el macho; además presenta una mancha blanca en el ala cuando es adulta. Se alimenta de insectos.

Yellow-rumbed Warbler. Bijirita Coronada *(Dendroica coronata).* Mide 14 cm; presenta una mancha amarilla en el centro de la cabeza; parte superiores carmelitas grisácea, con la garganta y vientre blancos; rabadilla amarilla; una franja negra en el dorso, también en el pecho y los lados, en los machos; mientras que la hembra no tiene negro sino carmelita, posee además dos franjas pálidas en las alas y algo de blanco en la cola; las hembras inmaduras, en su primer plumaje invernal tienen solamente la rabadilla amarilla, en contraste con al franja negra en el lomo.

Black-throated Green Warbler. Bijirita de Garganta Negra *(Dendroica virens).* Mide 13 cm; el macho es verde olivo en el dorso, con los lados de la cara y el cuello de color amarillo limón, garganta y pechos, negros; alas grises con dos franjas blancas y algo de blanco en la cola que es negruzca; las zonas ventrales de color rosáceo.

Northern Parula Warbler. Bijirita Chica *(Parula americana).* Es un ave muy pequeña que mide de 11 a 11,5 cm; el macho es mucho mayor que la hembra; parte superior con tonalidades verdes, poniendo en evidencia su plumaje nupcial que es como puede vérsele en Cuba. En el macho predomina el gris acero en la parte superior del cuerpo con una zona verde olivo entre ambas alas; presenta un collar en la parte anterior con una zona gris acero arriba y carmelita rojizo debajo, garganta y vientre amarillo canario. En la hembra la región dorsal es de color verde olivo, mientras que la ventral es amarillo limón.

Palm Warbler. Bijirita Común *(Dendroica palmarum)*. Mide 14 cm. Presenta la parte superior de la cabeza carmelita rojizo; cara, garganta y pecho de color amarillo intenso; las plumas infracoberteras caudales son amarillas y la cola termina en dos manchas blancas; mueve la cola constantemente.

Magnolia Warbler. Bijirita Magnolia *(Dendroica magnolia)*. Esta especie se caracteriza porque tanto el macho como la hembra presentan una zona blanca en el ala, simétrica con la cola, esta última es oscura con dos zonas laterales blancas; garganta, rabadilla y vientre amarillos, este último con bandas longitudinales de color negro. Ambos sexos se parecen en su plumaje invernal, cuando la región dorsal se presenta verde manchado con negro y las partes inferiores son amarillas con franjas negras en los lados.

Yellow-throated Warbler. Bijirita de Garganta Amarilla *(Dendroica dominica)*. Mide 14 cm; predomina el color azul grisáceo en la parte dorsal, con blanco a ambos lados de la cabeza y el cuerpo. Esta bijirita presenta poco dimorfismo sexual. Se distingue por presentar la garganta y pechuga amarillo intenso, bordeadas con negro.

Bay-breasted Warbler. Bijirita Castaña *(Dendroica castanea)*. Mide 14 cm; parte superior de la cabeza, garganta y flancos de color carmelita rojizos sobre fondo beige; frente y lados de la cabeza, negras; alas y cola grises; con dos franjas blancas en las alas y la cola; el resto de las partes inferiores, blancas.

Black and White Warbler. Bijirita Trepadora *(Mniotilta varia)*. El patrón de color es negro y blanco en forma de franjas longitudinales. Se le puede identificar además por su hábito de correr o deslizarse por los troncos o ramas de los árboles con la cabeza hacia abajo en busca de insectos de los cuales se alimenta. Mide 13 cm, facilitándose su identificación en el campo por las diferencias entre el macho y la hembra.

Macho: Partes superiores con franjas negras y blancas; las partes inferiores con franjas negras; estas franjas se le ven más en el plumaje invernal, cuando tiene la garganta blanca.

Hembra: Se parece al macho en su plumaje invernal, pero es más opaco y con franjas en las partes inferiores.

Tennessee Warbler. Bijirita de Tennesse *(Vermivora peregrina)*. Una bijirita pequeña, 11,5 cm; el patrón de color verde grisáceo o verde, dependiendo de la edad, sexo y estación; ambos sexos presentan una franja supraciliar blanca o amarillosa; partes inferiores, blancuzcas veteadas de amarillo. El macho tiene la corona de color azul grisáceo; parte dorsal de las alas, verde olivo. El juvenil es verde limón parejo. La hembra tiene el pecho y la garganta de color gris.

Blue-winged Warbler. Bijirita de Alas Azules *(Vermivora pinus)*. Mide entre 10 y 13 cm. Tiene la frente, corona y partes inferiores, amarillas; una franja negra a través del ojo; cola y alas, grises, con algo de blanco en las plumas exteriores y dos franjas blancas en las alas; el resto de las partes superiores, verdes. La hembra tiene menos amarillo en la corona que el macho. Es un transeúnte raro, aunque probablemente sea más raro aún como residente invernal, más bien en las provincias occidentales de Cuba.

Yellow Warbler. Canario de Manglar *(Dendroica petechia)*. Mide 14 cm; el macho se ve totalmente amarillo en el campo; las partes superiores amarillas verdosas con estrías longitudinales carmelitas en el pecho y vientre. Las hembras son más verdes por arriba que el macho y carecen de franjas carmelitosas. Los juveniles son más o menos blancuzcos por debajo.

American Redstart. Candelita *(Setophaga ruticilla).* Mide 13 cm; presenta dimorfismo sexual: el macho es azul oscuro con zonas simétricas, como parches de color naranja encendido en los lados, alas y cola que se destacan muy bien; las partes inferiores posteriores son blancas. La hembra es carmelita olivo por arriba y blancuzca por debajo; los parches amarillos del macho, aquí son reemplazados por amarillo. Es un ave muy activa que constantemente estira la cola, desplegando la coloración naranja o amarilla de las plumas exteriores.

Common Yellow-throat. Caretica *(Geothlypis trichas).* La región dorsal es carmelita verdoso y amarilla, con una franja negra que le cubre la cara a ambos lados, por eso, su nombre común es "Caretica"; la hembra no presenta careta.

Oven-bird. Señorita de Monte *(Seiurus aurocapillus).* Mide 15 cm; parte superior de la cabeza carmelita rojiza, bordeada lateralmente con negro; las partes superiores gris verdoso; pico y aro alrededor del ojo blancos, las partes inferiores blancas con numerosas manchas negras, con franjas en el pecho y a los lados de color negro y una franja negruzca a los lados de la garganta.

Louisiana Water-Thrush. Señorita de Río *(Seiurus motacilla).* Es semejante a la Señorita de Manglar, pero mide 15 cm; con una franja superciliar de color blanco; las partes inferiores blancas o blancuzcas, con menos franjas negras en el pecho; garganta blanca; flancos e infracoberteras caudales, de color beige. Es un residente invernal bastante común.

Northern Water-Thrush. Señorita de Manglar *(Seiurus noveboracensis)*. Mide 14 cm; las partes superiores, de color verde olivo; una franja amarilla superciliar; las partes inferiores amarillo pálido, fuertemente franjeadas en negro. Mueve su cola constantemente y grita alto cuando se alarma. Es un común transeúnte anual, aunque es posible que también sea residente invernal como la especie anterior.

Worm-eating Warbler. Bijirita Gusanera *(Helmintheros vermivorus)*. Mide 13 cm; tiene el cuerpo franjeado con negro y presenta una franja negra a través del ojo; el resto de las partes superiores, verde-grisáceo; las partes inferiores, beige.

Red-legged Honey-creeper. Aparecido de San Diego. *(Cyanerpes cyaneus)*. Esta especie de bello colorido es común en determinados lugares, puede encontrarse viviendo en arboledas, bosques y ciénagas. Mide unos 13 cm; presenta un marcado dimorfismo sexual: el macho es de un color azul índigo con zonas negras en las partes superiores; la corona, azul turquesa claro; manto, alas y cola negras; presenta una franja a través del ojo; la parte debajo del ala, amarilla; patas, rojas. El macho juvenil es más o menos intermedio entre el macho adulto y la hembra adulta. En la hembra predomina el verde olivo pálido con algunas zonas amarillas.

Striped-headed Tanager. Cabrero *(Spindalis zena)*. Mide de 15 a 20 cm; presenta dimorfismo sexual: el macho puede ser identificado por su cabeza negra con dos franjas; una en la región malar y otra supraciliar blanca; las partes inferiores con franjas de color amarillo brillante; las plumas de las alas bordeadas con negro y blanco. En la hembra predomina el color gris olivado oscuro en las partes superiores, el dorso verde opaco haciéndose amarillo posteriormente; las puntas de las plumas de las alas están bordeadas de blanco. Es una subespecie endémica de Cuba.

Summer Tanager. Cardenal Rojo *(Piranga rubra)*. Mide 18 cm; el macho es de color rojo intenso completo, tanto su plumaje nupcial como invernal, las partes inferiores son bermellón brillante. La hembra, por sus partes superiores son olivas o amarillas – verdosas; las partes inferiores, amarillo dorado opaco. El macho joven, en su primer otoño, se parece a la hembra, pero es más rico en colores.

Bobolink. Chambergo. *(Dolichonyx oryzivorus)*. Mide entre 16.5 y 20 cm; es un ave negra con algo blanco en las partes superiores y una franja ancha beige a través de la parte interior del cuello. En la hembra las partes superiores son beige amarillentas mezclado con negro; los lados y flancos con franjas negras. Se asocia en bandos durante la migración.

Greater Antilleam Grackle. Chichinguaco *(Quiscalus niger)*. Recibe otros nombres vulgares como Hachuela y Quiebra Hacha. Mide de 25 a 31 cm, es un ave negra azulada con el iris amarillo claro que parece blanco. Los tarsos son grandes y su cola es en forma de hacha o "V" lo que es más evidente en los machos adultos. Las hembras son más pequeñas y opacas que los machos.

Tawny-shouldered Black-Bird. Mayito *(Agelaius humeralis)*. Es un ave negra con parches castaños en las hembras bordeados de beige. A veces se asocia a los totíes y chichinguacos; pico y patas negras; ojos pardo oscuro; cuando las alas están cerradas no se percibe la mancha de las alas. Su canto consiste en la emisión de una nota corta chic-chic.

Shiny Cowbird. Pájaro Vaquero *(Molothrus bonariensis)*. Es muy parecido al totí; ave que deposita sus huevos en nidos ajenos para que otras especies de la familia Icteridae los incuben, destruyendo los huevos que estos contenían. Por este motivo se le ha asignado la categoría de "ave esclavista". Mide de 18 a 20 cm; los machos son de color negro tan intenso que se ven azulados.

Eastern Meadowlark. Sabanero *(Sturnella magna)*. Es una especie voluminosa, que mide 23 cm con la cabeza plana y la cola corta; las partes superiores negras, carmelita y beige; las partes inferiores mayormente amarillas con un parche grande negro en la pechuga y franjas negras en los lados y flancos. Las plumas exteriores de la cola blancas, estas se ven en vuelo. Es una subespecie endémica de la Isla.

Black-cowled Cuban Oriole. Solibio *(Icterus dominicensis)*. Mide de 20 a 22 cm; su color es mayormente negro, aunque la rabadilla, cobertoras superiores del ala, centro y debajo de estas son amarillo brillante. Las partes inferiores – posteriores son más o menos amarillas. Subespecie endémica muy común en Cuba.

Cuban Blackbird. Totí (Dives atroviolaceus). Otro nombre vulgar de esta especie es Choncholí. Es de color negro, similar al Chichinguaco pero diferente, ya que presenta las patas más cortas, iris oscuro y la cola están en posición normal. El macho es mayor que la hembra, teniendo estas un color negro menos brillante. Mide de 25 a 28 cm. Su alimentación es muy variada; come arroz, millo, maíz, frutas, semillas silvestres, plátanos maduros y pequeñas lagartijas. Es una especie endémica del país.

Northern Oriole. Turpial *(Icterus galbula)*. Es un raro transeúnte anual, que pasa por la región central de Cuba durante la primavera. Mide entre 20 y 22 cm; la cabeza, las partes interiores del cuello y el manto son negras; las alas negras y blancas; las coberteras menores de las alas, naranja; la cola, naranja-amarilla y negra; las partes inferiores naranja brillante. La hembra tiene las partes superiores doradas-olivadas, moteadas con negro; el manto grisáceo en el plumaje invernal; alas y partes inferiores más opacas en el macho, a veces presentan un parche negro en la garganta.

Rose-breasted Grosbeak. Degollado *(Phoueticus ludevicianus)*. Es un raro transeúnte anual en Cuba. Muy raro como residente invernal. Mide 18 cm; el macho en plumaje nupcial tiene las partes superiores negras; la rabadilla, blanca y algo de blanco en las alas y la cola; cabeza y cuello negros, pechuga y el centro del pecho rojo; así como las infracoberteras caudales, el resto de las partes inferiores blancas; pico, corto y fino. La hembra tiene las partes superiores carmelitosas, con franjas oscuras, una franja blanca superciliar y otra a través del centro del ápice. Partes inferiores blancas con franjas en el pecho, lados y flancos negruzcos. Los machos en el plumaje invernal se parecen mucho a las hembras, pero las cubiertas inferiores de las alas y las axilas son rojas (amarillas en la hembra) y algo de rojo en las partes inferiores anteriores.

Blue Grosbeak. Azulejón *(Guiroca cerulea)*. Raro transeúnte anual y muy raro como visitante invernal. Mide 18 cm; mayormente azul violeta con plumas carmelitas y las puntas blancuzcas en su plumaje invernal. Dos franjas castañas en las alas. La hembra se parece a la del azulejo pero es más grande y con el pico más fuerte y pálido, dos franjas rojizas o beige en las alas. Los juveniles en su primer plumaje invernal, se parecen a la hembra adulta.

Indigo Bunting. Azulejo *(Passerina cyanea)*. Mide unos 14 cm; el macho en plumaje nupcial es azul violeta oscuro, la hembra tiene las partes superiores gris – carmelitosas y las inferiores blancas con algunos reflejos gris carmelitosos; puede presentar franjas oscuras en el pecho. El macho en su plumaje invernal, se parece a la hembra, pero siempre tiene más azul en las alas y cola que esta.

Painted Bunting. Mariposa *(Passerina ciris)*. Es un ave de colores muy vivos, los que están en dependencia de la alimentación del ave, es decir, de que ingiera frutas con mayor o menor contenido de carotenos (pigmento amarillo). Mide 14 cm; el macho presenta la corona, parte inferior del cuello, lados de la cabeza y el cuello propiamente dicho de color verde violeta; dorso amarillo verdoso; rabadilla, partes inferiores del cuerpo y plumas infracoberteras caudales rojas. La hembra tiene las partes superiores de color verde, partes inferiores amarillo verdoso haciéndose más amarillas en el abdomen; los juveniles se parecen a la hembra adulta.

Cuban Bullfinch. Negrito *(Melopyrrha nigra)*. Es un ave pequeña de 14 a 14.5 cm; plumaje negro con un parche blanco en las alas, pico fuerte de color negro. Es una subespecie endémica.

Cuban Grassquit. Tomeguín del Pinar *(Tiaris canora)*. Es algo menor que el Tomeguín de la Tierra. Mide unos 11 cm aproximadamente y se distingue fácilmente de este por el collar de plumas amarillas que tiene a cada lado del cuello. Las partes superiores son olivadas, las inferiores son de color pardo ceniciento con el pecho negro; pico oscuro; los ojos pardo oscuro; patas pardo rojizas pero más claro. La hembra tiene el collar amarillo menos desarrollado y el macho tiene el pecho y la cara negros, en la hembra castaños. Es especie endémica de canto agradable y bello colorido.

Yellow-faced Grassquit. Tomeguín de la Tierra *(Tiaris olivacea)*. Ave pequeña que mide 11.5 cm; el macho presenta la parte superior gris verdosa; una franja debajo del párpado inferior; barba y parte superior de la garganta amarillas; un parche negro grande en la parte interior del cuello y la pechuga; el resto de las partes inferiores grisáceas. La hembra carece de negro en las partes inferiores; las manchas amarillas en la cabeza, son más visibles sobre el pico, mientras que los juveniles no presentan estas manchas.

Savannah Sparrow. Gorrión de Sabana *(Passerculus sandwichensis)*. Mide entre 14 y 15 cm; presenta las partes inferiores blancas, franjeadas en negro; una franja superciliar más visible en el ápice de color amarillo; pico fino.

Grasshopper Sparrow. Chanberguito *(Ammodramus savannarum)*. Mide 15 cm; las partes superiores del cuerpo son una mezcla de negro y gris, beige y castaño; las coberteras de las alas, amarillo o amarilloso en los adultos; las partes inferiores de color beige, haciéndose blancas en la parte baja del pecho y el abdomen; las plumas de la cola son estrechas y puntiagudas.

House Sparrow. Gorrión Doméstico *(Passer domesticus)*. Prácticamente no necesita descripción, pues es el ave más abundante y mejor conocida de todas las especies reportadas en la región central de Cuba. Mide 15 cm; el macho tiene el ápice gris, el resto de las partes superiores carmelita; manto con franjas negras; franja castaña detrás del ojo y otra blanca en el ala; las partes inferiores blancuzcas excepto la pechuga. La hembra se diferencia del macho por tener el ápice carmelita y las partes inferiores gris – carmelitosas sin negro. Especie introducida en Cuba en el siglo XIX y que se ha convertido en dominante numérica en todos los ecosistemas antrópicos terrestres.

INDICE

Familias **Página**

BIBLIOGRAFÍA

A. O. U.(2000): The A. O. U. Check–list of North American Birds. Seventh Edition. The American Ornithologists Union. ***INTERNET***, 58 pp.

Ayala, N. (2000): ***Aves de Cuba. Guía turística. Localización geográfica de las aves de Cuba.*** Ed. Publicigraf. La Habana, 69 pp.

Blanco, P.,D. Zuñiga, R. Gómez, E. Socarrás, M. Suárez , F. Morera (1986): Aves del sistema insular los Cayos de Piedra, Sancti Spíritus, Cuba. ***Oceánides*** 11 (1): 49-53.

Blanco, P., S. J. Peris, B. Sánchez (2001): ***Las Aves Limícolas (Charadriiformes) Nidificantes de Cuba: su Distribución y Reproducción.*** Ed. Centro Iberoamericano de la Biodiversidad. Alicante, 62 pp.

Departamento de Parques Nacionales, Fauna Silvestre y Caza (1984): ***Guía descriptiva para la identificación de las aves cubanas.*** Ministerio de la Agricultura. Dirección de Protección al Bosque y la Fauna. La Habana, 251 pp.

Elisiev, D. O., W. García, L. O. Melián, J. Nuñez (1987): ***Manual de campo para determinar las aves del Gran Parque Nacional "Sierra Maestra" y la de territorios aledaños.*** Ed. Instituto Superior Pedagógico "Frank País". Santiago de Cuba, 88 pp.

Garrido, O. H. y A. Kirkconnel (2000): ***Field Guide to the Birds of Cuba.*** Comstock Publishing Associates a Division of Cornell University Press. Ithaca, New York, 253 pp.

Garrido, O. H. y F. García (1975): ***Catálogo de las aves de Cuba.*** Academia de Ciencias de Cuba. La Habana, 149 pp.

Hernández, A. (1990): ***Avifauna de los Cayos de Piedra, Archipiélago Sabana-Camaguey, Cuba.*** Academia de Ciencias de Cuba. COMARNA. Sancti Spíritus. (inédito)

Hernández, A., J. de la Torre, F. Morera (1998): Ornitofauna de la porción espirituana del Ecosistema Sabana- Camaguey, Cuba. ***Programa y Resúmenes del III Simposio de Ecología, UNIECO'98.*** La Habana, 49 pp.

Raffaele, H., J. Wiley, O. H. Garrido, A. Keith, J. Raffaele (1998): ***A Guide to the Birds of the West Indies.*** Princeton University Press. New Jersey, 511 pp.

Sánchez, B., V. Berovides, A. González (1988): Aspectos ecológicos de la avifauna de la Reserva Natural Cayo Caguanes, provincia de Sancti Spíritus, Cuba. ***Reporte de Investigación del Instituto de Ecología y Sistemática*** 10: 1-9.

www.ingramcontent.com/pod-product-compliance
Ingram Content Group UK Ltd.
Pitfield, Milton Keynes, MK11 3LW, UK
UKHW041837200726
13854UKWH00003BA/1191